Construimos el perfi... atención a la forma almohadillada de las garras. Luego, borramos, con mucho cuidado, el esquema preliminar.

## La cabez...

Al igual que ... también deb... Debemos pres... ... y al pico. Éstos deben detallarse hasta ajustarse a la forma característica de cada especie.

## Materiales

- lápiz de grafito HB
- goma de borrar
- lápices de colores
- rotulador negro de punta fina

Con lápices de colores pintamos el plumaje del ave con trazos suaves, sin apretar mucho con la punta del lápiz. Para colorear cada zona mezclamos dos colores a la vez. Éstos aparecen indicados sobre cada zona.

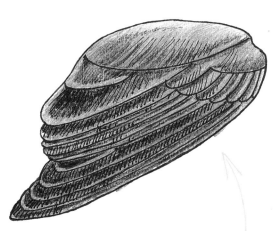

## El plumaje

Si queremos dar un mayor realismo al plumaje, sombreamos la parte superior de cada pluma con lápiz negro y con un rotulador fino dibujamos tramas de líneas sobre lo pintado.

GUÍAS DE CAMPO

# Las aves

Ⓟ Parramón

**Proyecto y realización**
Parramón Ediciones, S.A.

**Dirección Editorial**
Lluís Borràs

**Ayudante de edición**
Cristina Vilella

**Textos**
Maria Àngels Julivert

**Diseño gráfico y maquetación**
Estudi Toni Inglès

**Fotografías**
AGE-Fotostock, BoreaL, Jordi Vidal, Prisma, Sincronia

**Ilustraciones**
Amadeu Blasco, Farrés il·lustració editorial, Gabi Martín

**Dirección de Producción**
Rafael Marfil

**Producción**
Manel Sánchez

Primera edición: septiembre 2005

**Las aves**
ISBN: 84-342-2829-7

Depósito Legal: B-41.939-2005

Impreso en España
© Parramón Ediciones, S.A. – 2005
 Ronda Sant Pere, 5, 4ª planta
 08010 Barcelona (España)
 Empresa del Grupo Editorial Norma

**www.parramon.com**

# SUMARIO

**4 OBSERVACIÓN E IDENTIFICACIÓN**

*Un espectáculo fantástico*

**6 GENERALIDADES**

*Así son las aves*

**8 PICOS Y PATAS**

*Para picotear y correr*

**10 LAS PLUMAS**

*Un vestido de hermosos colores*

**12 EL ESQUELETO**

*Un armazón fuerte y ligero*

**14 ANATOMÍA INTERNA**

*Un organismo práctico*

**16 LAS ALAS Y EL VUELO**

*La conquista del aire*

**18 ALIMENTACIÓN**

*¡A comer!*

**20 CORTEJO Y APAREAMIENTO**

*El arte de seducir*

**22 NIDOS**

*Hogar, dulce hogar*

**24 HUEVOS Y POLLUELOS**

*En la variedad está el gusto*

**26 SENTIDOS Y COMUNICACIÓN**

*Alerta en todo momento*

**28 MIGRACIONES**

*Incansables viajeras*

**30 SUPERVIVENCIA Y CONSERVACIÓN**

*¡Queremos volar!*

**32 CLASIFICACIÓN DE LAS AVES**

# Un mundo maravilloso

**L**a observación de aves es uno de los espectáculos más fascinantes que podamos disfrutar. La facilidad de aproximación, aunque a veces sea ayudados con unos prismáticos, nos permite entrar en contacto directo con la misma naturaleza. Su gran variedad de tamaños, colorido, canto o sonidos, tipo de vuelo, costumbres, hábitat, etc., constituye una maravillosa fuente de deleite y también de conocimientos.

El ser humano ha sentido desde tiempos remotos una atracción por estos animales, e incluso a veces los ha considerado sagrados. Aunque nuestra relación con las aves siempre ha sido un poco contradictoria: por un lado las hemos admirado, pero por otro estamos siendo los causantes de la desaparición de muchas especies.

El objetivo de esta guía es acercar al lector al maravilloso mundo de las aves, ofrecerle pautas para la mejor observación posible y, por último, compartir con él el conocimiento y respeto por unos seres cuya existencia es cada vez más frágil en el mundo actual.

# Un espectáculo fantástico

La observación de las aves en su hábitat natural es uno de los espectáculos más fascinantes de la naturaleza. Aunque no seamos expertos, con un poco de paciencia y algo de suerte podremos, sin duda, identificar algunas especies. Para ello es importante fijarse en las características más significativas y conocer algo sobre sus costumbres.

Cuando vemos un ave volando, hay que fijarse en la silueta, el tipo de vuelo y la forma de la cola.

## Mucho cuidado

La primavera es un buen momento para observar a las aves, ya que es cuando muchas de ellas están en la época de cría. Pero hay que ir con cuidado de no molestarlas, porque también es cuando son más vulnerables.

## Verlas pasar

Para observar el paso de las aves migratorias, normalmente la mejor hora es entre las siete de la mañana y la una de la tarde. Hay que buscar un lugar elevado, con buena visibilidad y en un día claro. Las asociaciones de naturalistas y ornitólogos nos pueden indicar los lugares más adecuados.

## Aves que podemos encontrar en un bosque de encinas

1. Pico real
2. Arrendajo común
3. Oropéndola
4. Tórtola común
5. Chochín común
6. Curruca mirlona
7. Reyezuelo listado
8. Ruiseñor común
9. Mirlo común
10. Pinzón vulgar
11. Carbonero común
12. Herrerillo común
13. Herrerillo capuchino
14. Abubilla

## Hoy madrugamos

Conviene empezar temprano, ya que en muchos lugares, como son los pantanos y las lagunas, es a primera hora de la mañana cuando se pueden ver más aves. En las zonas de costa, sembrados, parques y jardines, las aves suelen estar activas casi todo el día.

Al atardecer es fácil ver grupos de aves que van hacia los dormideros, que son los lugares donde las aves van a reposar por la noche.

## En qué nos hemos de fijar

Hay que fijarse en el tamaño, forma y color del cuerpo, patas, pico, cola y alas, así como en las posibles manchas o rasgos especiales que pueda tener. Su voz y el tipo de hábitat donde la veamos también puede ayudarnos a saber qué ave es.

Consejos:

- Planificando la excursión tendremos más posibilidades de éxito.
- No hablar en voz alta y caminar sin hacer ruido.
- La ropa que sea de colores discretos; los zapatos cómodos.
- Si vamos al campo, llevar algo de comida y bebida y una bolsa para poner los desperdicios.
- No debemos molestar a los animales.

## Aves por todas partes

Para observar a las aves en su ambiente natural podemos elegir entre una gran variedad de lugares. En bosques y campos viven numerosas aves y también en los jardines de nuestras ciudades.

La forma del cuerpo nos puede dar una primera idea de a qué grupo de aves puede pertenecer. Conviene anotar el mayor número posible de rasgos.

Nombre:
Forma:
Tamaño:
Color:
Alas:
Cola:
Patas, dedos:
Visto en:
Fecha:
Otras notas:

5

## No te dejes engañar

Hay que tener en cuenta que, en algunas aves, macho y hembra tienen distinto colorido y, a veces, también diferente tamaño. En estos casos, normalmente el macho tiene un plumaje más vistoso y la hembra más discreto.

El urogallo macho es muy distinto de la hembra.

# Así son las aves

Las aves son vertebrados de sangre caliente y la temperatura de su cuerpo no varía con la del medio en el que se encuentran. Se diferencian de otros animales porque tienen el cuerpo cubierto de plumas, tienen pico y los miembros anteriores se han transformado en alas, aunque no todas pueden volar. En cambio, todas las aves ponen huevos.

6

Los *patos* pasan mucho tiempo en el agua. Han de tener las plumas bien engrasadas para que no se les mojen y puedan volar.

pileo o coronilla

cuello

hombro

ala

pico

garganta

pecho

muslo

tarso

patas

dedos

Las plumas mantienen caliente el cuerpo del ave.

cola

## Una piel muy especial

La piel de las aves casi no tiene glándulas, excepto unas en la base de la cola que se llaman glándulas uropigiales y que fabrican una sustancia grasa impermeable con la que untan sus plumas. Estas glándulas están más desarrolladas en las aves acuáticas y faltan en algunas especies, como los papagayos o las palomas.

Ánade Real de Birmania.

## Un auténtico mosaico de formas y colores

Se conocen unas 9.000 especies diferentes de aves que viven en los hábitats más diversos: desde los océanos, los bosques y los desiertos hasta las altas montañas o el frío Ártico.

### Increíbles alas

El pequeño colibrí llega a mover sus alas ¡50 veces por segundo!, y permanece como suspendido en el aire.

## Una gran variedad

La forma, el colorido y el tamaño de las aves es muy variado. Por ejemplo, mientras el avestruz macho puede llegar a medir más de 2,3 metros de altura y pesar más de 130 kilogramos, el pequeño colibrí de Cuba apenas mide 60 milímetros y pesa unos 2 gramos.

## La más grande

El avestruz es el ave más grande que existe. Aunque no puede volar, es muy rápida, ¡puede alcanzar los 190 kilómetros por hora!

Picogordo, en bosques, huertos, jardines y parques

Azor, en bosques mixtos

Frailecillo, en costas marinas

Martín pescador, en ríos y arroyos de aguas claras

Colimbo ártico, en lagos

Garza imperial, en pantanos, marjales y cañaverales

Águila real, en zonas montañosas

# Para picotear y correr

Para obtener su alimento, las aves tienen que tomarlo con su pico, formado por dos piezas córneas que recubren los huesos de las mandíbulas. El pico es el reflejo de la dieta del ave. Asimismo, para posarse, desplazarse por el suelo o nadar necesitan un par de patas, muy distintas según las especies.

## Tomando medidas

Para medir el pico de las aves se utiliza el compás y se compara con la longitud de la cabeza.

## Picos para todos los gustos

Observando el pico de las aves podemos saber de qué se alimentan y cómo consiguen su comida. Su forma y tamaño son de lo más variado.

El pico de las aves que comen insectos puede ser fino (abejaruco) o amplio (golondrina)

El pico de las pequeñas aves zancudas es, a menudo, estrecho y alargado, como el de esta avoceta

Golondrina

Abejaruco

Avoceta

El pico de las aves omnívoras suele ser grueso y fuerte (cuervo)

Picos aplanados de muchas aves de agua dulce (pato cuchara)

Picos cortos, gruesos y fuertes de las aves que se alimentan de granos y semillas (verderón común)

Cuervo

Pato cuchara

Verderón

Halcón

Flamenco

Pelícano

Pico afilado y ganchudo con los bordes cortantes de las aves de presa (halcón peregrino)

Pico diseñado para filtrar el agua y capturar algas y pequeños crustáceos planctónicos (flamenco)

Pico muy largo, recto, con la parte superior acabad. en gancho y de la mandíbula inferior cuelg una gran bolsa (pelícano)

# ¡Enséñame la pata!

Observando las patas de las aves podemos deducir muchas cosas sobre sus costumbres y el lugar donde viven.

Las aves trepadoras como el pico real tienen 4 dedos, dos dirigidos hacia delante y dos hacia atrás para sujetarse y trepar por los troncos de los árboles.

Las aves que viven en marismas y zonas pantanosas tienen patas muy largas y delgadas y los dedos suelen ser alargados. La jacana es un caso extremo, con sus larguísimos dedos, muy abiertos para repartir bien el peso, puede caminar sobre las hojas que flotan en el agua.

Algunas aves, como las palomas, papagayos y rapaces diurnas, tienen en la base del pico una zona de piel desnuda, que se llama **cera** y puede tener vivos colores.

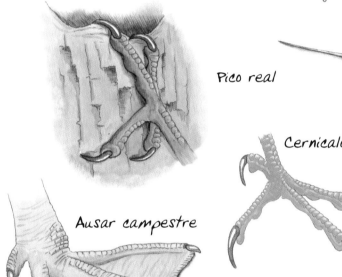

Pico real

Jacana

Cernícalo

Ausar campestre

Avestruz

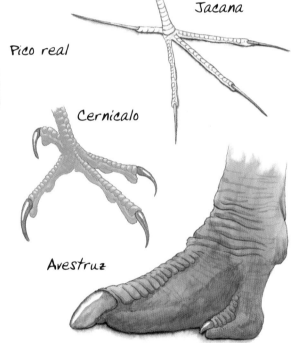

Pata prensora de ave arborícola.

Las patas palmeadas de las aves acuáticas tienen los dedos unidos por una membrana, lo que les permite nadar con rapidez.

Las patas de las rapaces son fuertes y con garras muy curvas y afiladas.

Las aves corredoras, como el avestruz sólo tienen 2 dedos, pero sus patas son ideales para andar y correr.

# ¡Cuántas patas!

La mayoría de las aves tienen parte de la pata y los pies cubiertos de escamas y 4 dedos, tres dirigidos hacia delante y uno hacia atrás, el pulgar, que a veces es muy pequeño y no siempre se apoya en el suelo. El dedo mediano suele ser el más largo. También hay las que tienen tres dedos, y las aves de la familia de las avestruces sólo tienen dos.

9

# Un vestido de hermosos colores

**Las plumas son piezas que cubren la piel de las aves y que equivalen a los pelos de los mamíferos. Hay plumas de muy diversos tipos y tamaños, así como de color, algunas realmente espectaculares.**

## Cambiando de traje

Con el tiempo, las plumas se desgastan. Por eso las aves las cambian al menos una vez al año: es la muda. Algunas aves, como los patos, pierden casi todas sus plumas a la vez y durante un tiempo no pueden volar. Pero la mayoría las cambian de forma progresiva. El albatros, por ejemplo, puede tardar hasta tres años en mudar todas las plumas.

Librea de invierno

Librea de verano

Hay aves, como la perdiz nival, que tienen un plumaje diferente en verano y en invierno.

## ¡Menuda cola!

En algunas aves, como el pavo real, las plumas de la cola son increíblemente largas y vistosas.

## Parecidas pero diferentes

Las plumas que cubren el cuerpo de las aves son las coberteras, que les ayudan a mantener la temperatura, y las protegen del frío, el sol y la lluvia. Las plumas de las alas se llaman remeras, son grandes y resistentes y les sirven para volar. Las de la cola son importantes para la estabilidad y dirección durante el vuelo.

Retrices

Coberteras secundarias

Álula

Coberteras primarias

Remeras secundarias

Remeras primarias

Las plumas de las alas reciben diferentes nombres: primarias, secundarias y terciarias. Las coberteras alares, más delicadas, cubren las plumas remeras. El álula se articula con el pulgar y actúa como los alerones de los aviones. Las plumas de la cola se llaman retrices o timoneras, la mayoría de aves tienen 12 (6 pares).

10

## ¿Cómo son las plumas?

Una pluma típica de las aves está formada por el cañón o cálamo, que es hueco y se inserta en la piel, y el raquis, macizo y flexible. De los dos lados del raquis salen las barbas que, a su vez, tienen unos filamentos más pequeños, las barbillas o bárbulas, que a veces se unen unas a otras por unos pequeños ganchos, los barbicelos.

Con el pico las aves se arreglan el plumaje, para desenredarlo, colocando cada pluma en su lugar.

## ¿Pluma o plumón?

Las plumas de las aves, duras y flexibles, son escamas modificadas. Son de queratina, como el pelo y los cuernos de los mamíferos. Hay varios tipo de plumas: el plumón, situado sobre todo en la parte inferior del cuerpo; las filoplumas, que crecen entre otras plumas; las pennas o plumas verdaderas, que cubren el cuerpo, las alas y la cola de las aves.

1. El plumón, suave y ligero, sirve de aislante.

2. Las filoplumas son como hilos o pelos finos y alargados.

3. Las pennas o plumas reciben distintos nombres según donde se inserten.

4. Raquis.

5. Barbas.

6. Barbillas.

7. Plumón.

8. Cañón o cálamo.

11

# Un armazón fuerte y ligero

Para los expertos el cráneo de las aves es un elemento muy útil, ya que les sirve para su identificación.

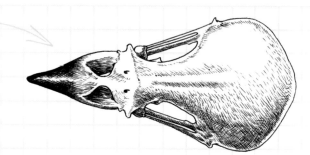

El esqueleto de las aves es fuerte pero pesa poco porque los huesos son muy ligeros. Algunos de los huesos son huecos (no hay médula) y tienen cámaras de aire. La mayoría de las aves tienen una gran quilla en el esternón, donde se insertan los potentes músculos que mueven las alas. Las clavículas están unidas por delante, de manera que las dos alas puedan moverse a la vez.

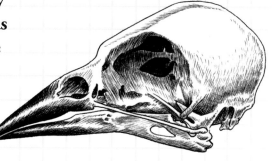

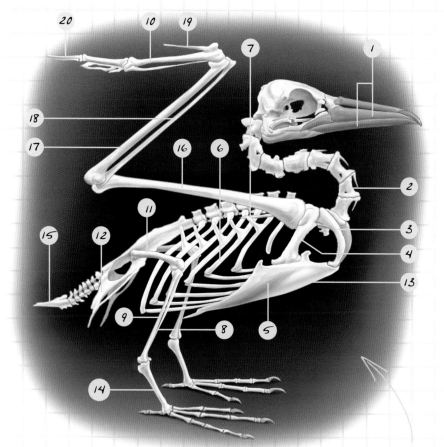

## Las vértebras

Las vértebras del cuello son numerosas y tienen bastante movilidad. No todas las aves tienen el mismo número de vértebras cervicales. Las vértebras de la cola, en cambio, han quedado reducidas a unas pocas.

El cuello de los flamencos es largo, delgado y flexible.

1. Mandíbulas
2. Vértebras cervicales
3. Clavícula
4. Coracoides
5. Esternón
6. Costillas
7. Omóplato
8. Tibia
9. Peroné
10. Carpo-metacarpo
11. Fémur
12. Región sacra
13. Carena (quilla)
14. Tarso-metatarso
15. Pigóstilo
16. Húmero
17. Cúbito
18. Radio
19. Primer dedo
20. Segundo y tercer dedo

## Brazos para volar

Las alas son los miembros anteriores de las aves, equivalen a los brazos y las manos. La mayoría de las aves sólo tienen tres dedos en las manos, que no tienen garras.

## Las aves no siempre fueron así

Las aves proceden de los reptiles. Archaeopterix es el primer esqueleto fósil de ave que se ha encontrado. Era un ave primitiva con aspecto de reptil, del tamaño de un cuervo. Poseía características de reptil y de ave a la vez.

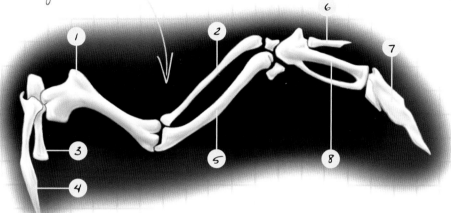

1. Húmero
2. Radio
3. Coracoides
4. Clavícula
5. Cúbito
6. Primer dedo
7. Dedos 2 y 3
8. Carpo-metacarpo

Los **músculos pectorales** se contraen y se relajan, permitiendo el batir de las alas.

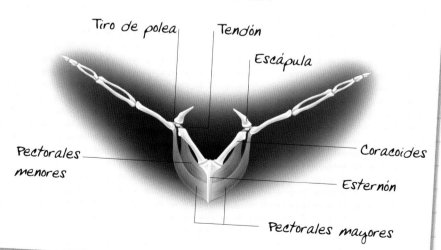

Tiro de polea
Tendón
Escápula
Pectorales menores
Coracoides
Esternón
Pectorales mayores

## Una mandíbula en forma de pico

El pico de las aves, que equivale a la mandíbula de otros animales, está recubierto por un estuche córneo que se renueva a medida que se desgasta por el uso. En la base del pico están los orificios nasales. Las mandíbulas no tienen dientes.

# Un organismo práctico

**Los órganos internos de las aves también están diseñados para aligerar el peso del animal. Así, los órganos sexuales son reducidos, y la reproducción es ovípara, para no tener que llevar el embrión dentro y dificultar el vuelo.**

## Latiendo muy rápido

El corazón de las aves es muy grande y late muy deprisa, más rápido cuanto más pequeña es el ave. Está dividido en dos mitades, derecha e izquierda. Tiene dos aurículas y dos ventrículos.

## ¿Por dónde pasa la comida?

El aparato digestivo empieza en la boca. La comida pasa al esófago, que tiene una dilatación o bolsa -el buche- donde se almacena y se reblandece la comida antes de pasar al estómago. Las aves tienen un estómago glandular, que produce los jugos gástricos, y un estómago triturador: la molleja. El intestino, que es alargado, digiere y absorbe los alimentos, desemboca en el recto.

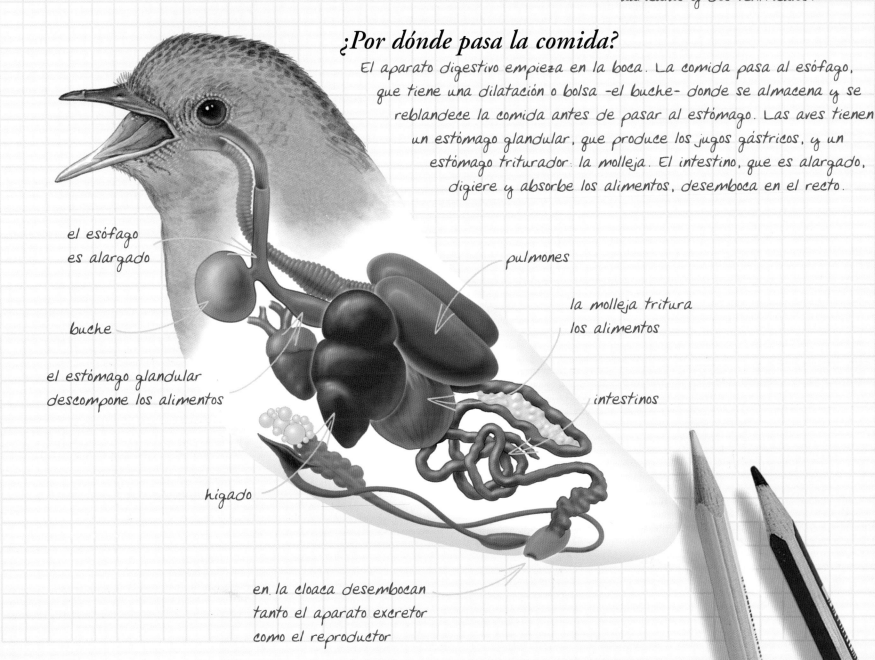

el esófago es alargado

buche

el estómago glandular descompone los alimentos

hígado

pulmones

la molleja tritura los alimentos

intestinos

en la cloaca desembocan tanto el aparato excretor como el reproductor

## Un cuerpo fresco y ventilado

Las aves tienen dos pulmones no muy grandes. El aire les llega a través de la laringe y la tráquea. Tienen además unas pequeñas cámaras de aire, los sacos aéreos, que están conectadas a los pulmones y penetran en los huesos huecos y entre algunos órganos. Los sacos aéreos aligeran el peso del ave, ayudan en la respiración y evitan que el cuerpo se caliente demasiado al volar. Funcionan a modo de ventiladores.

El aparato respiratorio está formado por la laringe, la tráquea, los pulmones y los sacos aéreos. Éstos son más numerosos en las aves que son buenas voladoras.

El corazón del canario puede latir más de 500 veces por minuto.

saco cervical

pulmón

saco abdominal

saco interclavicular

saco torácico anterior

saco torácico posterior

## La trituradora de alimentos

La musculatura de la molleja de las aves granívoras es más fuerte y desarrollada que la de las aves que se alimentan de carne o pescado, porque es un alimento más duro y difícil de triturar.

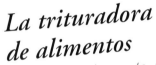

El pico introduce la lengua en los huecos de los árboles para atrapar insectos y otros pequeños invertebrados.

## Observemos la lengua

La lengua de las aves es muy móvil y no es siempre igual. En los papagayos, por ejemplo, es gruesa, mientras que los picos la tienen muy larga y pegajosa.

## Ahorrando agua

El aparato excretor no tiene vejiga. Las aves excretan ácido úrico en vez de urea: así gastan menos agua.

# La conquista del aire

En lugar de brazos y manos, las aves tienen alas cubiertas de plumas. Esto, junto con un cuerpo aerodinámico, los huesos huecos y ligeros y los potentes músculos del pecho, es lo que les permite volar. Aunque no todas puedan hacerlo.

Ala **larga** y **estrecha** del vencejo común.

## ¿Cómo son tus alas?

La forma de las alas y la cola de las aves varía de unas especies a otras, según el tipo de vida del ave. Algunas aves, como los buitres o las águilas, que planean en el aire, necesitan disponer de una superficie alar relativamente grande. Las aves más veloces tienen alas delgadas y puntiagudas, con una superficie pequeña en relación con su peso.

Ala **grande** y **ancha** del busardo ratonero.

## Voladores silenciosos

Los búhos y lechuzas tienen las alas anchas y sus plumas son suaves. Tienen un vuelo muy silencioso, para no espantar a las presas ya que cazan de noche.

## ¡Despegando!

Hay aves que antes de poder alzar el vuelo han de tomar velocidad. Para ello primero corren batiendo las alas, como muchas aves acuáticas. Otras se impulsan lanzándose desde un lugar elevado.

## ¡Aterrizando!

En el momento de posarse el ave ha de frenar, para ello abre la cola y se ayuda con golpes del ala y endereza el cuerpo verticalmente.

## ¿Tú, cómo vuelas?

Las alas les sirven a las aves para mantenerse en el aire y desplazarse, mientras que usan la cola como timón. Se impulsan en el aire batiendo las alas hacia arriba y hacia abajo alternativamente. Pero no todas vuelan igual.

El vuelo **batido** es el más común entre las aves. Las alas suben y bajan regularmente a más o menos velocidad. Primero baten las alas hacia arriba y hacia atrás, quedando levantadas sobre la espalda; luego el ala desciende en posición horizontal, para bajar seguidamente hacia delante hasta situarse delante de la cabeza... y vuelta a empezar.

El vuelo **planeado** lo practican con las alas extendidas y batiendo poco las alas. Las rapaces diurnas aprovechan las corrientes ascendentes de aire caliente para elevarse, como si volaran en un parapente. Las grandes aves marinas, al no haber corrientes térmicas en el mar, alternan caídas en picado a favor del viento con giros para ganar altura a contraviento.

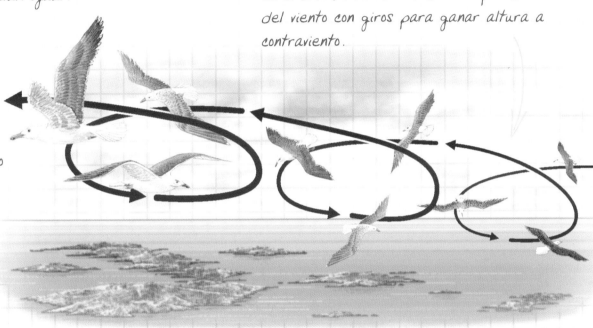

Esquema del vuelo planeado de las aves marinas.

Esquema del vuelo planeado de las aves rapaces.

Cuando se lanza en picado sobre una presa, el **halcón peregrino** puede sobrepasar los 280 km/h. Es un ave rapaz muy ágil y veloz.

17

# ¡A comer!

Frutos, semillas, insectos, gusanos y pequeños vertebrados (como lagartos, roedores o peces) son algunos de los alimentos que comen las aves. Algunas tienen una dieta muy variada: se podría decir que comen de todo, como los cuervos o las avestruces. Otras, en cambio, tienen una dieta más limitada, como el águila pescadora, que se alimenta sobre todo de peces.

## Egagró... ¿qué?

Algunas aves, como los cuervos, búhos y lechuzas, regurgitan las partes del alimento que no pueden digerir, como pelos, plumas o huesos, en forma de pequeñas bolas o pelotas: son las egagrópilas, que son diferentes en cada especie.

El águila pescadora come casi exclusivamente peces, que atrapa entre sus fuertes garras.

Las egagrópilas del búho real son muy grandes (hasta 150 milímetros longitud por unos 40 milímetros de diámetro).

Las egagrópilas de la cigüeña blanca son pegajosas y de mediano tamaño (de 40 a 60 milímetros de longitud y unos 25 a 35 milímetros de diámetro).

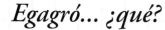

## Piedras para masticar

Las aves no mastican la comida, ya que no tienen dientes. Para ayudar a triturar los alimentos, a menudo tragan pequeñas piedras que actúan como piedras de molino.

## Estrategias para todos los gustos

La forma en que las aves consiguen su alimento es casi tan variada como su dieta. Algunas aves vuelan o planean escudriñando los alrededores en busca de comida. Otras permanecen inmóviles, al acecho, esperando que se acerque alguna presa. Las alcas, los pingüinos y los frailecillos bucean en busca de peces.

quebrantahuesos

pingüino

## ¿Por qué lo hacen?

La cigüeña negra y algunas grullas abren las alas mientras pescan. No se sabe bien porqué: si al hacer sombra con las alas evitan el reflejo en el agua, o bien para llamar la atención de los peces.

Grulla común pescando con las alas extendidas.

Esta **bellota** ha sido picoteada por un carbonero común. Esta ave, además de frutos, bayas y semillas, también come insectos.

19

## A veces, más vale maña que fuerza

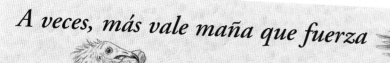

El quebrantahuesos se alimenta de huesos de animales muertos. Cuando el hueso es demasiado grande para tragárselo entero, lo lanza contra las rocas desde una gran altura para que se rompa.

El **alimoche** ha aprendido a romper la dura cáscara de los huevos de avestruz dejando caer una piedra sobre el huevo.

# El arte de seducir

La mayoría de las aves se reproducen una vez al año, siempre cuando las condiciones de temperatura y cantidad de alimento disponible son buenas. En esta época, los machos de muchas aves muestran adornos de vivos colores que exhiben frente a las hembras.

fragata hembra

fragata macho

Faisán dorado

## El collar de combate

El collar de plumas del combatiente que tienen en el cuello los machos durante la época reproductiva, no tiene los mismos colores en todos ellos.

El macho de fragata hincha la gran bolsa de cuello, que es de un llamativo color rojizo.

## Entre la fidelidad y la poligamia

Hay aves que se reúnen cada año y sus parejas duran toda la vida, mientras que otras sólo permanecen juntas una temporada. También las hay que, como el faisán, se juntan con varias hembras. Más raro es el caso de las codornices, que la hembra se une a varios machos.

# Despliegue de encantos

Cuando empieza la época de cría, los machos ocupan un territorio más o menos grande que defenderán frente a otros machos. Después empieza el cortejo para atraer a las hembras hacia el lugar escogido, que consiste a menudo en cantos o en una exhibición de las plumas. También son frecuentes el ofrecimiento de comida o ramas y las danzas, que pueden ser de lo más variadas.

Algunas aves, como el somormujo, tienen rituales muy llamativos. Así, macho y hembra realizan una vistosa danza en el agua.

se acercan uno al otro sacudiendo los penachos de plumas

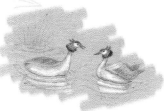

se sumergen en el agua, la hembra se yergue con el cuello estirado mientras el macho hace una especie de reverencia

entrechocan sus pechos irguiéndose sobre el agua

recogen hierbas acuáticas con el pico

# Reunión de parejas

Algunas especies de aves se reúnen durante la época de cría formando grandes colonias, compuestas a veces por miles de parejas.

Las aves jardineras de Guinea y Australia construyen plataformas, glorietas o torres con hierbas ramas y hojas, que algunas especies incluso decoran con objetos de vivos y brillantes colores.

El macho danza y se pavonea delante de la hembra invitándola a formar pareja.

21

# Hogar, dulce hogar

**A la hora de construir el nido, las aves demuestran un gran ingenio. Su forma y tamaño varía de unas especies a otras. Los hay grandes, pequeños, redondeados... o pueden consistir en amplias plataformas. El nido puede estar desnudo o revestido de diversos materiales, como musgo, plumas, pelo o incluso telarañas.**

Los nidos de los **tejedores** cuelgan de una rama y tienen una larga entrada en forma de tubo con la abertura orientada hacia abajo.

Los nidos más comunes tienen **forma de taza**, más o menos profunda.

## Cualquier lugar es bueno

Los nidos pueden estar instalados en cuevas y madrigueras, en el interior de los troncos de los árboles, incluso en edificios abandonados. Hay aves que prefieren anidar al aire libre, ya sea en el suelo, en las ramas o en las altas copas de los árboles o bien en inaccesibles acantilados.

El **pico** instala sus nidos en el interior de los troncos de los árboles.

El **martín pescador** excava un túnel que acaba en una cámara.

Hay aves que **no fabrican nidos** y depositan los huevos directamente en el suelo, o formados con unas pocas ramitas.

En algunas especies de aves tanto el **macho** como la **hembra** se encargan de construir el nido.
En otras especies sólo uno de los dos miembros de la pareja es el que realiza toda la tarea.

Los **megapódidos** construyen un montículo de hojas, ramas y otros vegetales donde entierran los huevos que se incuban con el calor de la descomposición de la materia vegetal y el calor del sol.

## Cada vez más grande

Hay aves que utilizan el mismo nido año tras año, que reconstruyen y agrandan cada temporada, como la cigüeña o el águila de cabeza blanca. Estos nidos llegan a ser increíblemente grandes. Pero la mayoría fabrica un nido nuevo cada año.

## Todo sirve

Los materiales utilizados en la construcción del nido son muy variados. Desde simples y rudimentarios nidos hechos con ramas, hierba, tierra o barro prensados, hasta elaboradas construcciones a base de entretejer ramas y otros materiales.

El avión roquero hace su nido con bolitas de barro en forma de vasija.

El pájaro sastre cose los bordes de las hojas formando una bolsa.

Los pájaros republicanos construyen un enorme nido colectivo donde anidan varias parejas, y en él cada una tiene su cámara individual y su entrada.

La estructura del nido del pájaro moscón está hecha de ramas, y el revestimiento, de fibras, lana, algodón, pelo o telarañas.

# En la variedad está el gusto

**Los huevos, que pueden ser ovalados, alargados, esféricos o tener forma de pera, tienen una coloración muy variada y muchos tienen manchas. El número de huevos de la puesta va desde uno solo en el caso del albatros, a más de 20 en otras especies.**

Los huevos tienen una gruesa cáscara calcárea que protege al embrión.

Perdiz empollando huevos.

## Tarea para todos

En muchos casos es la hembra la que se encarga de incubar los huevos, pero los machos de algunas aves también participan en la tarea. En otras especies es sólo el macho el encargado de la incubación. El tiempo de incubación varía de unas especies a otras, desde unos pocos días a varias semanas, o incluso meses.

Huevo de cigüeñuela

Huevo de chotacabras gris

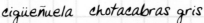

Huevo de pelícano

Huevo de zarzero común

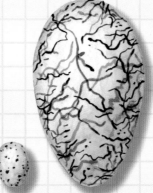

Huevo de arao

## Romper el cascarón

Los polluelos rompen la cáscara, que al final de la incubación se ha vuelto más fina, con un endurecimiento que tienen en la punta del pico, llamado diente del huevo o diamantino, y que pierden al poco tiempo de nacer.

24

## Los pequeños nidícolas

Las crías de algunas aves nacen completamente indefensas, con los ojos cerrados, sin plumas o con muy poco plumón y son incapaces de volar. Se laman nidícolas y dependen por completo de sus padres.

## Los más espabilados

Los polluelos nidífugos, en cambio, son más precoces y aprenden pronto a valerse por si mismos. Nacen con los ojos abiertos, el cuerpo cubierto de un espeso plumón y abandonan el nido al poco tiempo de nacer, aunque suelen permanecer un tiempo con sus padres.

Las crías de chorlito dorado común son nidífugas.

## La placa incubadora

La mayoría de aves tiene en el vientre una zona especial, llamada placa incubadora, bajo la que colocan los huevos. Esta zona desprende mucho calor. Sólo la presentan durante la época de cría y es una zona de piel desnuda muy irrigada. Un caso curioso es el pájaro bobo, que incuba su único huevo entre las patas.

El pájaro bobo cubre el huevo bajo un pliegue de piel. Es un caso único entre las aves.

Muchas aves alimentan a sus crías regurgitando el alimento predigerido en la boca de los polluelos. Otras, como las rapaces, trocean el alimento antes de dárselos a las crías.

Las palomas segregan leche de su buche que los polluelos cogen de la boca de sus padres.

Los gavilanes alimentan a sus polluelos

La bisbita alimenta a sus polluelos con insectos.

Los pollos de gaviota picotean la mancha roja del pico de los padres pidiéndoles comida.

## Plumas de jovencito

Antes de llegar al estado adulto, los polluelos pasan por una fase juvenil, en la que ya han cambiado el plumaje que tenían cuando eran muy pequeños, pero aún no es el mismo que el de los adultos. Esto permite a menudo distinguirlos, aunque ya tengan casi el mismo tamaño y peso que sus padres.

El cuco pone sus huevos, uno por nido, en los nidos de otras aves, que son las que alimentarán al polluelo como si fuera suyo. Luego, el polluelo de cuco echará del nido los huevos o crías de su familia adoptiva.

25

# Alerta en todo momento

La comunicación es un aspecto imprescindible en la vida de las aves, ya sea para buscar pareja, para relacionarse entre ellas, o para advertir de algún peligro. Además de la comunicación sonora, los sentidos juegan también un papel muy importante, sobre todo el sentido de la vista y el del oído, y no sólo en la comunicación.

Los ojos de las aves tienen poca movilidad, por eso mueven constantemente la cabeza.

De todas las aves, las rapaces diurnas son las que tienen mejor vista. El águila es capaz de ver animales del tamaño de un ratón de campo volando desde muy alto.

## ¡Huelo la comida!

El sentido del olfato no es excelente, excepto en aquellas aves que dependen del olfato para localizar su alimento. Los orificios nasales se abren normalmente en la base del pico.

## Saber escuchar

El oído de las aves está también muy desarrollado, sobre todo en las aves nocturnas. Los guácharos anidan en cuevas y dependen de su oído para volar en la oscuridad. Estas aves emiten sonidos que, al rebotar contra las paredes, propagan unas ondas sonoras que el ave capta con su fino oído.

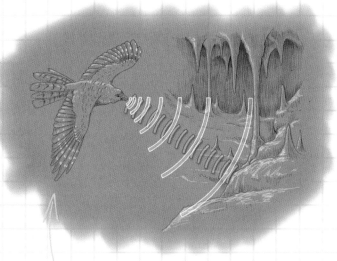

Estos sonidos no son de alta frecuencia, ya que el oído de las aves no percibe los ultrasonidos.

El kiwi es un ave nocturna, que encuentra el alimento bajo la hojarasca gracias a su fino olfato. Tiene las narinas en la punta del pico.

# ¡Mira cómo son mis ojos!

El sentido de la vista está muy desarrollado en las aves y, como nosotros, pueden ver los colores. Su ángulo de visión depende de la posición de los ojos. En la mayoría de las aves están situados en posición lateral. Los ojos de las aves están protegidos por los párpados y por una membrana transparente, la membrana nictitante.

Cuanto más centrados están los ojos, mejor visión de relieve y de las distancias, pero menos campo visual abarcan.

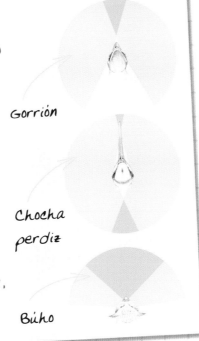

Gorrión

Chocha perdiz

Búho

# El sentido del tacto

El sentido del tacto, poco importante en las aves, suele estar situado en la lengua, en el pico, en las narinas o alrededor de los ojos.

Las **vibrisas** son como finos pelos con función táctil.

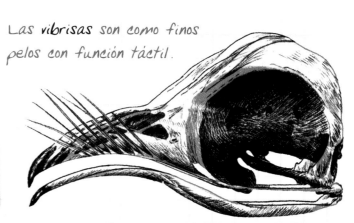

El **sonido** se produce al pasar el aire por las membranas.

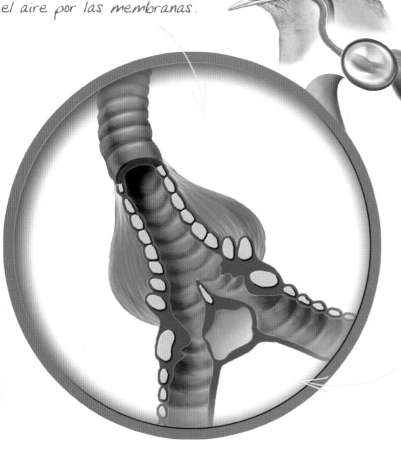

# Pequeños tenores

Las aves tienen un amplio repertorio de sonidos, que van desde gritos, aullidos, graznidos o chasquidos hasta los melodiosos cantos de algunas aves.

El ruiseñor emite una gran variedad de llamadas y notas diferentes.

# No hablo, pero me entienden

Las aves emiten sonidos, tanto para defender el territorio como para comunicarse con la pareja o las crías, y también como señal de alarma. Sin embargo, no todas cantan. El órgano que hace posible los sonidos en las aves es la siringe, que está al final de la tráquea justo en el punto donde se divide en los bronquios.

# Incansables viajeras

Las aves migradoras realizan cada año un viaje de ida y vuelta, entre el lugar donde nacieron y aquél donde pasan el invierno, recorriendo a veces increíbles distancias. Otras aves, en cambio, permanecen todo el año en el mismo lugar, son sedentarias. Incluso hay especies que pueden ser migratorias o sedentarias según la zona donde habiten.

## Expertas navegadoras

Hay aves que migran de día, orientándose por la posición del sol, como los vencejos. Otras prefieren hacerlo de noche y se orientan por las estrellas, como los cucos. Las hay que migran tanto de día como de noche, como los patos. Los relieves del terreno, como montañas o ríos, y el campo magnético terrestre también les ayudan a orientarse.

## Cargando combustible

Antes de emprender el largo viaje, las aves, además de mudar las plumas, se dedican a comer mucho, acumulando gran cantidad de grasa, que utilizan como reserva de alimento. Hay especies, como el gavilán, que no volverán a comer hasta llegar a su destino, mientras que otras hacen pequeñas paradas.

Formación en V típica de muchas aves, como los patos.

## Formando un pelotón

Volar supone un gran gasto de energía, por eso muchas aves viajan en bandadas. Es una forma de ahorrar energía ya que de esta forma rompen más fácilmente la resistencia al viento. Pero también las hay, como la oropéndola, que viajan en solitario.

# Mapas de ruta

La mayoría de aves migradoras inician la travesía hacia climas más cálidos a finales de verano o en otoño, y regresan a los lugares de cría o nidificación en primavera e incluso antes. A menudo siguen las mismas rutas en sus viajes de ida y vuelta. Las rutas migratorias suelen seguir los cursos de los ríos, las cadenas montañosas y las líneas de la costa.

Las rutas migratorias más habituales van del hemisferio Norte al hemisferio Sur, pero también las hay que van de Este a Oeste.

El charrán ártico pasa el veranos en Groenlandia y Alaska y, en junio, emprende el larguísimo viaje que le llevara hasta Chile e incluso a la Antártida. En total viaja más de 17.000 kilómetros sólo en el viaje de ida.

# ¡Queremos volar!

Las aves se enfrentan continuamente a diferentes peligros. Sus enemigos naturales son los animales que se alimentan tanto de los ejemplares adultos, como de sus huevos o sus crías. Sin embargo, el peor enemigo de las aves es el hombre, contra quien no tienen defensa posible, a pesar de ser animales de los que el hombre obtiene gran provecho.

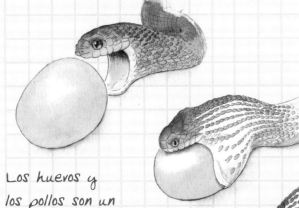

Los huevos y los pollos son un alimento muy suculento para muchas **serpientes**.

## Hábil cazador

El hombre ha aprovechado, desde hace ya mucho tiempo, la habilidad de los halcones para la caza, adiestrándolos para que lleven las presas que capturan a sus dueños.

## Una presa fácil

Los principales depredadores naturales de las aves son algunos mamíferos y reptiles e incluso otras aves.

## Desinteresadas colaboradoras

Los beneficios que las aves aportan al hombre son numerosos. Aparte de obtener de ellas alimento, las aves regulan la población de algunos animales que son dañinos para nuestros cultivos, como insectos y pequeños roedores. Las aves que se alimentan de carroña también son útiles, porque limpian el entorno de cadáveres.

Son muchas las aves que el hombre cría en granjas para obtener carne y huevos.

## Peligros por todas partes

Los pesticidas, los cepos, la contaminación del medio ambiente, la destrucción de su hábitat, la caza furtiva, el contrabando de huevos y los tendidos eléctricos son algunas de las causas de que algunas especies de aves se encuentren hoy en peligro de extinción, o sus poblaciones gravemente amenazadas.

El águila imperial y la cigüeña negra son dos especies que corren grave peligro. Su número ha ido disminuyendo año tras año y actualmente quedan ya muy pocas.

## Teñidas de negro

El petróleo vertido en el mar se pega a las plumas de las aves marinas, impidiéndoles volar, lo que provoca su muerte.

## Todavía hay esperanza

Por suerte, cada vez somos más conscientes de la necesidad de proteger a estos maravillosos animales, y las autoridades toman algunas medidas. Se crean leyes que protegen espacios naturales, cada vez son más numerosas las sociedades dedicadas a su protección y conservación y existen numerosos centros para la preservación y recuperación de las aves.

Aún estamos a tiempo de salvar a muchas especies de aves, aunque para otras ya sea tarde.

Para favorecer la cría de las aves, se fabrican nidos artificiales.

# Principales órdenes de la clase Aves

Las asociaciones entre los órdenes que se muestran a continuación no tienen valor sistemático.

Hacen referencia a algún rasgo común que presentan muchas de las especies que forman el orden, como pueden ser la dieta, el hábitat o sus costumbres.

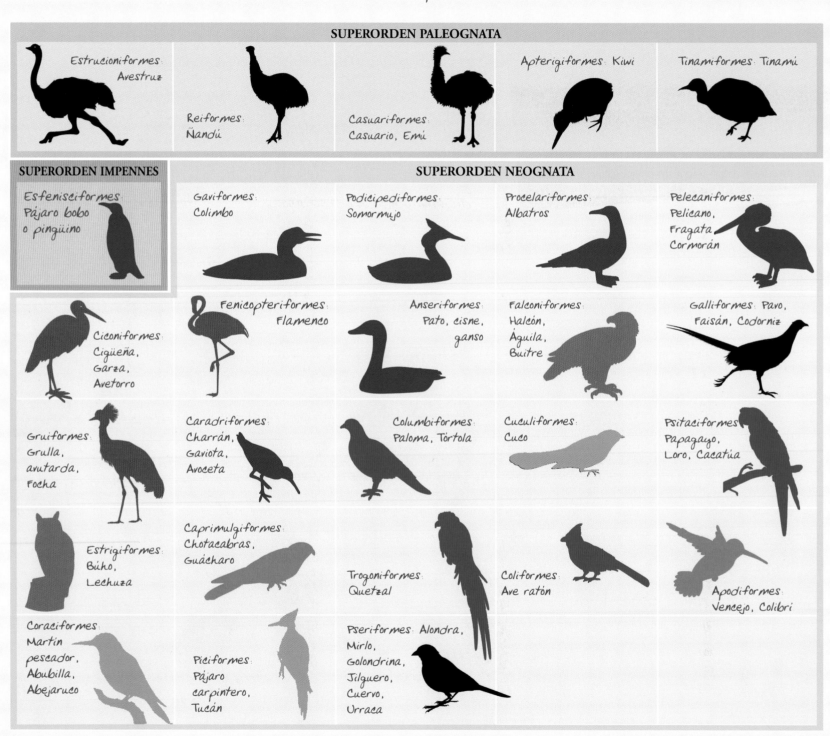

**SUPERORDEN PALEOGNATA**

Estrucioniformes: Avestruz

Reiformes: Ñandú

Casuariformes: Casuario, Emú

Apterigiformes: Kiwi

Tinamiformes: Tinamú

**SUPERORDEN IMPENNES**

Esfenisciformes: Pájaro bobo o pingüino

**SUPERORDEN NEOGNATA**

Gaviformes: Colimbo

Podicipediformes: Somormujo

Procelariformes: Albatros

Pelecaniformes: Pelícano, Fragata, Cormorán

Ciconiformes: Cigüeña, Garza, Avetorro

Fenicopteriformes: Flamenco

Anseriformes: Pato, cisne, ganso

Falconiformes: Halcón, Águila, Buitre

Galliformes: Pavo, Faisán, Codorniz

Gruiformes: Grulla, avutarda, Focha

Caradriformes: Charrán, Gaviota, Avoceta

Columbiformes: Paloma, Tórtola

Cuculiformes: Cuco

Psitaciformes: Papagayo, Loro, Cacatúa

Estrigiformes: Búho, Lechuza

Caprimulgiformes: Chotacabras, Guácharo

Trogoniformes: Quetzal

Coliformes: Ave ratón

Apodiformes: Vencejo, Colibrí

Coraciformes: Martín pescador, Abubilla, Abejaruco

Piciformes: Pájaro carpintero, Tucán

Pseriformes: Alondra, Mirlo, Golondrina, Jilguero, Cuervo, Urraca

32

# ¿Qué necesitamos para observar las aves?

La guía de campo nos ayudará a identificar las aves que veamos

**Una salida para observar aves puede resultar muy divertida e instructiva. Con este libro y este material podemos convertirnos en auténticos expertos naturalistas...**

Una cámara digital de 6 aumentos puede servirnos. Después podremos pedir ampliaciones al laboratorio o hacerlas en nuestro ordenador.

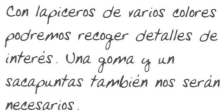

Con lapiceros de varios colores podremos recoger detalles de interés. Una goma y un sacapuntas también nos serán necesarios.

Unos buenos prismáticos son esenciales. Mínimo de 8 x 30 (la primera cifra indica los aumentos y la segunda el diámetro). Atención: ¡jamás hay que enfocar con ellos el sol!